간절히 필사성경

WRITING HLOY BIBLE

권

필사자:

시작한 날 : 년 월 일

마 친 날 : 년 월 일

간절히 성경필사

초판 4쇄_ 2026년 2월 5일
펴낸이_ 황경자
펴낸곳_ 도서출판 두돌비
등　록_ 2006. 8. 17 제 2006-12호
주　소_ 서울 중랑구 동일로 107길 12
전　화_ 02. 964. 6993 I 팩　스_ 02. 2208. 0153
이메일_ books153@hanmail.net

ISBN_ 978-89-85583-61-9

하나님의 말씀을 받아쓰게 되면,

1 하나님의 말씀이 나의 심령에 생명의 소리로 들려온다.

2 자신이 얼마나 하나님께 등을 지고 지냈었는가를 깨달아 회개하게 된다.

3 자기를 부인하고, 자아를 거절하며 성령님의 인도하심에 자신을 맡기게 된다.

4 하나님의 말씀을 눈동자로 옮기는 '도리도리'가 아니고, 이 말씀을 읊조리며 받아쓸 때, 말씀의 진리가 나의 몸에 익혀지게 된다.

5 생각만으로 말씀을 대하던 것이 말씀의 의미가 가슴을 적셔주는 것을 경험한다.

6 나의 심령에서 말씀이 즐거워지고, 달게 느껴져 암송을 하게 되고, 성령님의 인도를 바라게 된다.

7 하나님의 말씀으로 자신의 마음과 생각, 말씨가 바뀌고, 인격이 다듬어지게 된다.

하나님의 말씀은 살아 있고 활력이 있어 좌우에 날선 어떤 검보다도 예리하여 혼과 영과 및 관절과 골수를 찔러 쪼개기까지 하며 또 마음의 생각과 뜻을 판단하나니(히 4:12)

/성경을 필사하는 예/

창세기

2026 년 1 월 1 일　　　　1 장 1 절 ~ 1 장 14절

1	태초에 하나님이 천지를 창조하시니라
2	땅이 혼돈하고 공허하며 흑암이 깊음 위에 있고 하나님의 영은 수
	면 위에 운행하시니라
3	하나님이 이르시되 빛이 있으라 하시니 빛이 있었고
4	빛이 하나님이 보시기에 좋았더라 하나님이 빛과 어둠을 나누사
5	하나님이 빛을 낮이라 부르시고 어둠을 밤이라 부르시니라 저녁이
	되고 아침이 되니 이는 첫째 날이니라
6	하나님이 이르시되 물 가운데에 궁창이 있어 물과 물로 나뉘라 하
	시고
7	하나님이 궁창을 만드사 궁창 아래의 물과 궁창 위의 물로 나뉘게
	하시니 그대로 되니라
8	하나님이 궁창을 하늘이라 부르시니라 저녁이 되고 아침이 되니
	이는 둘째 날이니라
9	하나님이 이르시되 천하의 물이 한 곳으로 모이고 뭍이 드러나라
	하시니 그대로 되니라
10	하나님이 뭍을 땅이라 부르시고 모인 물을 바다라 부르시니 하나
	님이 보시기에 좋았더라
11	하나님이 이르시되 땅은 풀과 씨 맺는 채소와 각기 종류대로 씨 가
	진 열매 맺는 나무를 내라 하시니 그대로 되어
12	땅이 풀과 각기 종류대로 씨 맺는 채소와 각기 종류대로 씨 가진
	열매 맺는 나무를 내니 하나님이 보시기에 좋았더라
13	저녁이 되고 아침이 되니 이는 셋째 날이니라
14	하나님이 이르시되 하늘의 궁창에 광명체들이 있어 낮과 밤을 나
	뉘게 하고 그것들로 징조와 계절과 날과 해를 이루게 하라

년 월 일 장 절~ 장 절

년 월 일 장 절~ 장 절

년 월 일 장 절~ 장 절

주의 말씀의 맛이 내게 어찌 그리 단지요 내 입에 꿀보다 더 다니이다(시 119:103)

No. ______

년 월 일 장 절~ 장 절

년 월 일 장 절~ 장 절

년 월 일 장 절~ 장 절

년 월 일 장 절~ 장 절

년 월 일 장 절~ 장 절

주의 말씀의 맛이 내게 어찌 그리 단지요 내 입에 꿀보다 더 다니이다(시 119:103)

년 월 일 장 절~ 장 절

년 월 일 장 절~ 장 절

주의 말씀의 맛이 내게 어찌 그리 단지요 내 입에 꿀보다 더 다니이다(시 119:103)

No. ________

년 월 일 장 절~ 장 절

주의 말씀의 맛이 내게 어찌 그리 단지요 내 입에 꿀보다 더 다니이다(시 119:103)

No. ______

년 월 일 장 절~ 장 절

년 월 일 장 절~ 장 절

주의 말씀의 맛이 내게 어찌 그리 단지요 내 입에 꿀보다 더 다니이다(시 119:103)

년 월 일 장 절~ 장 절

년 월 일 장 절~ 장 절

주의 말씀의 맛이 내게 어찌 그리 단지요 내 입에 꿀보다 더 다니이다(시 119:103)

No.

년 월 일 장 절~ 장 절

주의 말씀의 맛이 내게 어찌 그리 단지요 내 입에 꿀보다 더 다니이다(시 119:103)

No. ______

년 월 일 장 절~ 장 절

년 월 일 장 절~ 장 절

주의 말씀의 맛이 내게 어찌 그리 단지요 내 입에 꿀보다 더 다니이다(시 119:103)

No. ________

년 월 일 장 절~ 장 절

주의 말씀의 맛이 내게 어찌 그리 단지요 내 입에 꿀보다 더 다니이다(시 119:103)

No. ________

년 월 일 장 절~ 장 절

년 월 일 장 절~ 장 절

년 월 일 장 절~ 장 절

년 월 일 장 절~ 장 절

년 월 일 장 절~ 장 절

주의 말씀의 맛이 내게 어찌 그리 단지요 내 입에 꿀보다 더 다니이다(시 119:103)

No.

년 월 일 장 절~ 장 절

년 월 일 장 절~ 장 절

년 월 일 장 절~ 장 절

년 월 일 장 절~ 장 절

년 월 일 장 절~ 장 절

년 월 일 장 절~ 장 절

년 월 일 장 절~ 장 절

년 월 일 장 절~ 장 절

주의 말씀의 맛이 내게 어찌 그리 단지요 내 입에 꿀보다 더 다니이다(시 119:103)

년 월 일 장 절~ 장 절

년 월 일 장 절~ 장 절

주의 말씀의 맛이 내게 어찌 그리 단지요 내 입에 꿀보다 더 다니이다(시 119:103)

No. ___________

년 월 일 장 절~ 장 절

주의 말씀의 맛이 내게 어찌 그리 단지요 내 입에 꿀보다 더 다니이다(시 119:103)

No.

년 월 일 장 절~ 장 절

주의 말씀의 맛이 내게 어찌 그리 단지요 내 입에 꿀보다 더 다니이다(시 119:103)

No. ________

년 월 일 장 절~ 장 절

주의 말씀의 맛이 내게 어찌 그리 단지요 내 입에 꿀보다 더 다니이다(시 119:103)

No. ______

년 월 일 장 절~ 장 절

년 월 일 장 절~ 장 절

년 월 일 장 절~ 장 절

년 월 일 장 절~ 장 절

주의 말씀의 맛이 내게 어찌 그리 단지요 내 입에 꿀보다 더 다니이다(시 119:103)

년 월 일 장 절~ 장 절

주의 말씀의 맛이 내게 어찌 그리 단지요 내 입에 꿀보다 더 다니이다(시 119:103)

No. ______

년 월 일 장 절~ 장 절

주의 말씀의 맛이 내게 어찌 그리 단지요 내 입에 꿀보다 더 다니이다(시 119:103)

No.

년 월 일 장 절~ 장 절

년 월 일 장 절~ 장 절

년 월 일 장 절~ 장 절

주의 말씀의 맛이 내게 어찌 그리 단지요 내 입에 꿀보다 더 다니이다(시 119:103)

년 월 일 장 절~ 장 절

주의 말씀의 맛이 내게 어찌 그리 단지요 내 입에 꿀보다 더 다니이다(시 119:103)

No. ______

년 월 일 장 절~ 장 절

년 월 일 장 절~ 장 절

주의 말씀의 맛이 내게 어찌 그리 단지요 내 입에 꿀보다 더 다니이다(시 119:103)

No. ________

년 월 일 장 절~ 장 절

년 월 일 장 절~ 장 절

년 월 일 장 절~ 장 절

년 월 일 장 절~ 장 절

주의 말씀의 맛이 내게 어찌 그리 단지요 내 입에 꿀보다 더 다니이다(시 119:103)

년 월 일 장 절~ 장 절

년 월 일 장 절~ 장 절

년 월 일 장 절~ 장 절

년 월 일 장 절~ 장 절

년 월 일 장 절~ 장 절

년 월 일 장 절~ 장 절

주의 말씀의 맛이 내게 어찌 그리 단지요 내 입에 꿀보다 더 다니이다(시 119:103)

No. ________

년 월 일 장 절~ 장 절

년 월 일 장 절~ 장 절

년 월 일 장 절~ 장 절

주의 말씀의 맛이 내게 어찌 그리 단지요 내 입에 꿀보다 더 다니이다(시 119:103)

No. ______

년 월 일 장 절~ 장 절

년 월 일 장 절~ 장 절

년 월 일 장 절~ 장 절

년 월 일 장 절~ 장 절

주의 말씀의 맛이 내게 어찌 그리 단지요 내 입에 꿀보다 더 다니이다(시 119:103)

년 월 일 장 절~ 장 절

주의 말씀의 맛이 내게 어찌 그리 단지요 내 입에 꿀보다 더 다니이다(시 119:103)

No. ________

년 월 일 장 절~ 장 절

년 월 일 장 절~ 장 절

년 월 일 장 절~ 장 절

주의 말씀의 맛이 내게 어찌 그리 단지요 내 입에 꿀보다 더 다니이다(시 119:103)

No. ______

년 월 일 장 절~ 장 절

주의 말씀의 맛이 내게 어찌 그리 단지요 내 입에 꿀보다 더 다니이다(시 119:103)

No.

년 월 일 장 절~ 장 절

주의 말씀의 맛이 내게 어찌 그리 단지요 내 입에 꿀보다 더 다니이다(시 119:103)

No. ________

년 월 일 장 절~ 장 절

년 월 일 장 절~ 장 절

주의 말씀의 맛이 내게 어찌 그리 단지요 내 입에 꿀보다 더 다니이다(시 119:103)

No.

년 월 일 장 절~ 장 절

년 월 일 장 절~ 장 절

년 월 일 장 절~ 장 절

년 월 일 장 절~ 장 절

주의 말씀의 맛이 내게 어찌 그리 단지요 내 입에 꿀보다 더 다니이다(시 119:103)

No.

년 월 일 장 절~ 장 절

년 월 일 장 절~ 장 절

년 월 일 장 절~ 장 절

주의 말씀의 맛이 내게 어찌 그리 단지요 내 입에 꿀보다 더 다니이다(시 119:103)

No. ________

년 월 일 장 절~ 장 절

년 월 일 장 절~ 장 절

년 월 일 장 절~ 장 절

년 월 일 장 절~ 장 절

주의 말씀의 맛이 내게 어찌 그리 단지요 내 입에 꿀보다 더 다니이다(시 119:103)

No. ________

년 월 일 장 절~ 장 절

주의 말씀의 맛이 내게 어찌 그리 단지요 내 입에 꿀보다 더 다니이다(시 119:103)

No.

년 월 일 장 절~ 장 절

주의 말씀의 맛이 내게 어찌 그리 단지요 내 입에 꿀보다 더 다니이다(시 119:103)

No.

년 월 일 장 절~ 장 절

년 월 일 장 절~ 장 절

주의 말씀의 맛이 내게 어찌 그리 단지요 내 입에 꿀보다 더 다니이다(시 119:103)

No. ________

년 월 일 장 절~ 장 절

주의 말씀의 맛이 내게 어찌 그리 단지요 내 입에 꿀보다 더 다니이다(시 119:103)

No.

년 월 일 장 절~ 장 절

년 월 일 장 절~ 장 절

년 월 일 장 절~ 장 절

주의 말씀의 맛이 내게 어찌 그리 단지요 내 입에 꿀보다 더 다니이다(시 119:103)

No. ____

년 월 일 장 절~ 장 절

주의 말씀의 맛이 내게 어찌 그리 단지요 내 입에 꿀보다 더 다니이다(시 119:103)

No. ______

년 월 일 장 절~ 장 절

년 월 일 장 절~ 장 절

년 월 일 장 절~ 장 절

주의 말씀의 맛이 내게 어찌 그리 단지요 내 입에 꿀보다 더 다니이다(시 119:103)

No.

년 월 일 장 절~ 장 절

주의 말씀의 맛이 내게 어찌 그리 단지요 내 입에 꿀보다 더 다니이다(시 119:103)

No.

년 월 일 장 절~ 장 절

년 월 일 장 절~ 장 절

년 월 일 장 절~ 장 절

주의 말씀의 맛이 내게 어찌 그리 단지요 내 입에 꿀보다 더 다니이다(시 119:103)

No. ________

년 월 일 장 절~ 장 절

년 월 일 장 절~ 장 절

년 월 일 장 절~ 장 절

주의 말씀의 맛이 내게 어찌 그리 단지요 내 입에 꿀보다 더 다니이다(시 119:103)

년 월 일 장 절~ 장 절

주의 말씀의 맛이 내게 어찌 그리 단지요 내 입에 꿀보다 더 다니이다(시 119:103)

No. ______

년 월 일 장 절~ 장 절

년 월 일 장 절~ 장 절

주의 말씀의 맛이 내게 어찌 그리 단지요 내 입에 꿀보다 더 다니이다(시 119:103)

년 월 일 장 절~ 장 절

년 월 일 장 절~ 장 절

년 월 일 장 절~ 장 절

년 월 일 장 절~ 장 절

년 월 일 장 절~ 장 절

년 월 일 장 절~ 장 절

년 월 일 장 절~ 장 절

주의 말씀의 맛이 내게 어찌 그리 단지요 내 입에 꿀보다 더 다니이다(시 119:103)

No.

년 월 일 장 절~ 장 절

년 월 일 장 절~ 장 절

년 월 일 장 절~ 장 절

주의 말씀의 맛이 내게 어찌 그리 단지요 내 입에 꿀보다 더 다니이다(시 119:103)

No.

년 월 일 장 절~ 장 절

년 월 일 장 절~ 장 절

년 월 일 장 절~ 장 절

년 월 일 장 절~ 장 절

년 월 일 장 절~ 장 절

년 월 일 장 절~ 장 절

주의 말씀의 맛이 내게 어찌 그리 단지요 내 입에 꿀보다 더 다니이다(시 119:103)

No. ________

년 월 일 장 절~ 장 절

주의 말씀의 맛이 내게 어찌 그리 단지요 내 입에 꿀보다 더 다니이다(시 119:103)

No.

년 월 일 장 절~ 장 절

년 월 일 장 절~ 장 절

년 월 일 장 절~ 장 절

주의 말씀의 맛이 내게 어찌 그리 단지요 내 입에 꿀보다 더 다니이다(시 119:103)

No.

년 월 일 장 절~ 장 절

년 월 일 장 절~ 장 절

년 월 일 장 절~ 장 절

주의 말씀의 맛이 내게 어찌 그리 단지요 내 입에 꿀보다 더 다니이다(시 119:103)

년 월 일 장 절~ 장 절

년 월 일 장 절~ 장 절

주의 말씀의 맛이 내게 어찌 그리 단지요 내 입에 꿀보다 더 다니이다(시 119:103)

No. ___________

년 월 일 장 절~ 장 절

년 월 일 장 절~ 장 절

년 월 일 장 절~ 장 절

주의 말씀의 맛이 내게 어찌 그리 단지요 내 입에 꿀보다 더 다니이다(시 119:103)

년 월 일 장 절~ 장 절

년 월 일 장 절~ 장 절

년 월 일 장 절~ 장 절

주의 말씀의 맛이 내게 어찌 그리 단지요 내 입에 꿀보다 더 다니이다(시 119:103)

No. ____________

년 월 일 장 절~ 장 절

년 월 일 장 절~ 장 절

주의 말씀의 맛이 내게 어찌 그리 단지요 내 입에 꿀보다 더 다니이다(시 119:103)

No.

년 월 일 장 절~ 장 절

주의 말씀의 맛이 내게 어찌 그리 단지요 내 입에 꿀보다 더 다니이다(시 119:103)

년 월 일 장 절~ 장 절

주의 말씀의 맛이 내게 어찌 그리 단지요 내 입에 꿀보다 더 다니이다(시 119:103)

년 월 일 장 절~ 장 절

년 월 일 장 절~ 장 절

년 월 일 장 절~ 장 절

년 월 일 장 절~ 장 절

년 월 일 장 절~ 장 절

주의 말씀의 맛이 내게 어찌 그리 단지요 내 입에 꿀보다 더 다니이다(시 119:103)

No. ______

년 월 일 장 절~ 장 절

주의 말씀의 맛이 내게 어찌 그리 단지요 내 입에 꿀보다 더 다니이다(시 119:103) No. ______

년 월 일 장 절~ 장 절

주의 말씀의 맛이 내게 어찌 그리 단지요 내 입에 꿀보다 더 다니이다(시 119:103)

No.

년 월 일 장 절~ 장 절

주의 말씀의 맛이 내게 어찌 그리 단지요 내 입에 꿀보다 더 다니이다(시 119:103)

No. ______

년 월 일 장 절~ 장 절

주의 말씀의 맛이 내게 어찌 그리 단지요 내 입에 꿀보다 더 다니이다(시 119:103)

No. ______

년 월 일 장 절~ 장 절

년 월 일 장 절~ 장 절

년 월 일 장 절~ 장 절

년 월 일 장 절~ 장 절

주의 말씀의 맛이 내게 어찌 그리 단지요 내 입에 꿀보다 더 다니이다(시 119:103)

년 월 일 장 절~ 장 절

년 월 일 장 절~ 장 절

년 월 일 장 절~ 장 절

년 월 일 장 절~ 장 절

년 월 일 장 절~ 장 절

년 월 일 장 절~ 장 절

년 월 일 장 절~ 장 절

년 월 일 장 절~ 장 절

년 월 일 장 절~ 장 절

주의 말씀의 맛이 내게 어찌 그리 단지요 내 입에 꿀보다 더 다니이다(시 119:103)

년 월 일 장 절~ 장 절

년 월 일 장 절~ 장 절

년 월 일 장 절~ 장 절

주의 말씀의 맛이 내게 어찌 그리 단지요 내 입에 꿀보다 더 다니이다(시 119:103)

년 월 일 장 절~ 장 절

년 월 일 장 절~ 장 절

년 월 일 장 절~ 장 절

년 월 일 장 절~ 장 절

년 월 일 장 절~ 장 절

년 월 일 장 절~ 장 절

년 월 일 장 절~ 장 절

주의 말씀의 맛이 내게 어찌 그리 단지요 내 입에 꿀보다 더 다니이다(시 119:103)

No. ________

년 월 일 장 절~ 장 절

주의 말씀의 맛이 내게 어찌 그리 단지요 내 입에 꿀보다 더 다니이다(시 119:103)

No.

년 월 일 장 절~ 장 절

년 월 일 장 절~ 장 절

년 월 일 장 절~ 장 절

주의 말씀의 맛이 내게 어찌 그리 단지요 내 입에 꿀보다 더 다니이다(시 119:103)

No. ________

년 월 일 장 절~ 장 절

주의 말씀의 맛이 내게 어찌 그리 단지요 내 입에 꿀보다 더 다니이다(시 119:103)

No. ________

년 월 일 장 절~ 장 절

주의 말씀의 맛이 내게 어찌 그리 단지요 내 입에 꿀보다 더 다니이다(시 119:103)

년 월 일 장 절~ 장 절

년 월 일 장 절~ 장 절

년 월 일 장 절~ 장 절

년 월 일 장 절~ 장 절

년 월 일 장 절~ 장 절

년 월 일 장 절~ 장 절

주의 말씀의 맛이 내게 어찌 그리 단지요 내 입에 꿀보다 더 다니이다(시 119:103)

No. ______

년 월 일 장 절~ 장 절

년 월 일 장 절~ 장 절

년 월 일 장 절~ 장 절

주의 말씀의 맛이 내게 어찌 그리 단지요 내 입에 꿀보다 더 다니이다(시 119:103) No. ________

년 월 일 장 절~ 장 절

주의 말씀의 맛이 내게 어찌 그리 단지요 내 입에 꿀보다 더 다니이다(시 119:103)

No.

년 월 일 장 절~ 장 절

년 월 일 장 절~ 장 절

년 월 일 장 절~ 장 절

주의 말씀의 맛이 내게 어찌 그리 단지요 내 입에 꿀보다 더 다니이다(시 119:103)

No. ______

년 월 일 장 절~ 장 절

년 월 일 장 절~ 장 절

년 월 일 장 절~ 장 절

주의 말씀의 맛이 내게 어찌 그리 단지요 내 입에 꿀보다 더 다니이다(시 119:103)

No. ______

년 월 일 장 절~ 장 절

주의 말씀의 맛이 내게 어찌 그리 단지요 내 입에 꿀보다 더 다니이다(시 119:103)

No. ______

년 월 일 장 절~ 장 절

년 월 일 장 절~ 장 절

년 월 일 장 절~ 장 절

년 월 일 장 절~ 장 절

년 월 일 장 절~ 장 절

년 월 일 장 절~ 장 절

주의 말씀의 맛이 내게 어찌 그리 단지요 내 입에 꿀보다 더 다니이다(시 119:103)

No.

년 월 일 장 절~ 장 절

년 월 일 장 절~ 장 절

주의 말씀의 맛이 내게 어찌 그리 단지요 내 입에 꿀보다 더 다니이다(시 119:103) No.

년 월 일 장 절~ 장 절

년 월 일 장 절~ 장 절

주의 말씀의 맛이 내게 어찌 그리 단지요 내 입에 꿀보다 더 다니이다(시 119:103)

년 월 일 장 절~ 장 절

년 월 일 장 절~ 장 절

주의 말씀의 맛이 내게 어찌 그리 단지요 내 입에 꿀보다 더 다니이다(시 119:103)

No.

년 월 일 장 절~ 장 절

주의 말씀의 맛이 내게 어찌 그리 단지요 내 입에 꿀보다 더 다니이다(시 119:103)

No.

년 월 일 장 절~ 장 절

년 월 일 장 절~ 장 절

년 월 일 장 절~ 장 절

주의 말씀의 맛이 내게 어찌 그리 단지요 내 입에 꿀보다 더 다니이다(시 119:103)

년 월 일 장 절~ 장 절

년 월 일 장 절~ 장 절

년 월 일 장 절~ 장 절

년 월 일 장 절~ 장 절

주의 말씀의 맛이 내게 어찌 그리 단지요 내 입에 꿀보다 더 다니이다(시 119:103) No.

년 월 일 장 절~ 장 절

년 월 일 장 절~ 장 절

주의 말씀의 맛이 내게 어찌 그리 단지요 내 입에 꿀보다 더 다니이다(시 119:103)

No. ________

년 월 일 장 절~ 장 절

주의 말씀의 맛이 내게 어찌 그리 단지요 내 입에 꿀보다 더 다니이다(시 119:103)

No. ______

년 월 일 장 절~ 장 절

년 월 일 장 절~ 장 절

주의 말씀의 맛이 내게 어찌 그리 단지요 내 입에 꿀보다 더 다니이다(시 119:103)

No. ____________

년 월 일 장 절~ 장 절

주의 말씀의 맛이 내게 어찌 그리 단지요 내 입에 꿀보다 더 다니이다(시 119:103)

No. ______

년 월 일 장 절~ 장 절

년 월 일 장 절~ 장 절

주의 말씀의 맛이 내게 어찌 그리 단지요 내 입에 꿀보다 더 다니이다(시 119:103) ·

No. ________

년 월 일 장 절~ 장 절

년 월 일 장 절~ 장 절

주의 말씀의 맛이 내게 어찌 그리 단지요 내 입에 꿀보다 더 다니이다(시 119:103)

No.

년 월 일 장 절~ 장 절

주의 말씀의 맛이 내게 어찌 그리 단지요 내 입에 꿀보다 더 다니이다(시 119:103)

년 월 일 장 절~ 장 절

년 월 일 장 절~ 장 절

년 월 일 장 절~ 장 절

주의 말씀의 맛이 내게 어찌 그리 단지요 내 입에 꿀보다 더 다니이다(시 119:103)

No. ________

년 월 일 장 절~ 장 절

주의 말씀의 맛이 내게 어찌 그리 단지요 내 입에 꿀보다 더 다니이다(시 119:103) No. ______

년 월 일 장 절~ 장 절

년 월 일 장 절~ 장 절

주의 말씀의 맛이 내게 어찌 그리 단지요 내 입에 꿀보다 더 다니이다(시 119:103)

No. ______

년 월 일 장 절~ 장 절

주의 말씀의 맛이 내게 어찌 그리 단지요 내 입에 꿀보다 더 다니이다(시 119:103)

No. ____

년 월 일 장 절~ 장 절

주의 말씀의 맛이 내게 어찌 그리 단지요 내 입에 꿀보다 더 다니이다(시 119:103)

No.